LE LIVRE DES RESPIRATIONS

D'APRÈS LES MANUSCRITS DU MUSÉE DU LOUVRE.

TEXTE, TRADUCTION ET ANALYSE

PAR

P. J. DE HORRACK.

AVEC SEPT PLANCHES DE TEXTE HIÉRATIQUE.

PARIS

C. KLINCKSIECK

LIBRAIRE DE L'INSTITUT DE FRANCE,

11, RUE DE LILLE, 11.

1877

Concerning the conditions and pursuits of the next life, there opens
a world of occupations, duties and enjoyments, as numerous and varied
as we find them here ; a world wherein the life which now is, is supple-
mented by that which is to come. He who has labored long and pa-
tiently to control and discipline a wayward nature, may he not properly
desire and rationally expect, that he will be allowed to prosecute the
task, here so imperfectly commenced, there, where there is no flesh
to be weak if the spirit be willing? Is this an unworthy conception of
heaven? Is it a conception less salutary, less elevating than that, which
speaks to us of joining the angelic hosts and sharing their changeless
avocation? Nay, truly it is far more worthy of God and man.

ROBERT DALE OWEN.

LE LIVRE DES RESPIRATIONS.

On sait que la plupart des rouleaux que les anciens Égyptiens avaient l'habitude d'ensevelir avec les momies, contiennent des copies plus ou moins complètes de certains textes sacrés, considérés comme des talismans ayant la propriété d'opérer ou de faciliter la rentrée du défunt dans une vie nouvelle, et de le protéger dans ses pérégrinations d'outre-tombe. Le sujet de ces textes roule presque invariablement sur la destinée de l'homme après la mort. Parmi les compositions de ce genre parvenues jusqu'à nous, le *Livre des Morts* et le *Livre des Respirations* sont connus depuis longtemps. Tout récemment on en a signalé encore d'autres, à savoir: le *Livre des embaumements*, le *Livre du grand-prêtre Amen-hotep* et le *Livre royal*[1].

Le *Shaï-en-sinsin* ou *Livre des Respirations* dont nous nous occupons ici, date de la Basse-Époque, mais on considère généralement qu'il a été rédigé à l'aide de matériaux bien plus anciens. Les nombreux exemplaires qu'on en a trouvés sont tous en écriture hiératique. Si l'on peut juger d'après les titres des défunts auxquels ils furent consacrés, le *Shaï-en-sinsin* a été spécialement réservé aux prêtres et aux assistantes *d'Amon-Ra*.

M. BRUGSCH, le premier, a appelé l'attention des égyptologues sur ce livre intéressant et en a publié, d'après un manuscrit du Musée de Berlin, une transcription en hiéroglyphes accompagnée d'une traduction latine[2]. Un fac-simile en écriture très-cursive qui se trouve dans l'ouvrage de Vivant-Denon[3], est reproduit à la fin de la publication de M. BRUGSCH. C'est le seul texte du *Shaï-en-sinsin* qui ait été publié; encore est-il incomplet, car il y manque une partie du § 9, les §§ 10, 11ᵃ, 11ᵇ et 12 en entier, une partie du § 14, et enfin la prescription

---

1) G. MASPERO, *Mémoire sur quelques papyrus du Louvre* p. 14 et 58.

2) *Shaï-en-sinsin, sive liber metempsychosis veterum Aegyptiorum etc.* Berolinii 1851.

3) *Voyage dans la Haute et la Basse-Egypte* pl. 136.

finale. Une bonne analyse du *Livre* est due à M. Birch, le savant conservateur du British Museum[1].

En attendant qu'un fac-simile complet soit mis à la disposition des égyptologues[2], je reproduis sur les planches ci-jointes des copies (dont l'écriture se rapproche autant que possible de celle des originaux) de deux manuscrits que possède le Musée du Louvre:

  1° le No 3284, c'est-à-dire, la partie du texte hiératique qui contient le *Livre des Respirations*[3].

  2° le No 3291, portant au recto 48 lignes d'écriture hiératique et au verso 3 lignes d'écriture démotique[4].

Le premier de ces deux exemplaires sur lequel a été faite la traduction qui va suivre, comprend six pages d'une belle écriture hiératique et contient au complet les quatorze paragraphes dont se compose le livre sacré, ainsi que la prescription finale. Les variantes ajoutées au bas des planches I à V sont tirées des passages correspondants des manuscrits suivants du Louvre:

  No. 3291 au nom d'Hor-si-esi, fils d'Hor et de Kaï-kaï

  „ 3166 „ „ d'Osir-aau, fils de Taχi-ba-t

  „ 3126 „ „ de P-šer-ašu-χet-u, fils d'Osir-aau

  „ 3158 „ „ de Ta-šer-paut-ta, assistante d'Amon-Ra

  „ 3121 „ „ de Ta-sa-χem, assistante d'Amon-Ra[5].

Ces variantes suffisent pour rectifier quelques erreurs de notre texte. Plusieurs manuscrits retranchent certaines sections de la version ordinaire et les remplacent par d'autres, mais la grande majorité suit le texte du No 3284 qui paraît représenter la rédaction officielle. Il existe aussi un texte imité du *Livre des Respirations*, nommé le *Livre des Respirations second*[6], dont nous ne nous occuperons pas ici.

---

1) *Introduction to the Rhind papyri*.

2) Il faut rendre hommage aux »*Trustees*« du British Museum de la magnifique publication »*Facsimile of an Egyptian hieratic Papyrus of the reign of Ramses* III *now in the British Museum*«, exécutée sous l'habile direction de M. Birch. Ce beau fac-simile, qui a été généreusement offert à un grand nombre d'égyptologues, est d'un prix très-modéré et par conséquent accessible à tous les savants; il est destiné à rendre de véritables services à l'étude de l'écriture et de la langue de l'ancienne Égypte.

3) Voir T. Devéria, *Catalogue des Manuscrits égypt. du Louvre* p. 132.

4) *ibid.* p. 131.

5) *ibid.* p. 131 à 137.

6) *ibid.* p. 153.

Le *Shaï-en-sinsin* ne présente pas de difficultés sérieuses au traducteur, sauf dans quelques passages au sujet desquels les observations que mon savant ami, M. CHABAS, m'a fournies avec son obligeance habituelle, m'ont été fort utiles. Il en est autrement des données théologiques et mythologiques que contient le texte. Je n'y ai touché que très-légèrement et je laisse aux savants auxquels ces questions sont familières, le soin de les soumettre à une étude spéciale. Cette branche importante de l'égyptologie a été en France l'objet d'investigations sérieuses de la part de MM. F. CHABAS, EMMANUEL et JACQUES de ROUGÉ, PAUL PIERRET, E. LEFÉBURE et E. GRÉBAUT. Je me borne ici à une traduction aussi littérale que possible, accompagnée d'une courte analyse, dans laquelle je ne m'occuperai pas des mots dont le sens est généralement accepté par les égyptologues.

Avant de terminer, il me reste le devoir agréable de remercier le savant conservateur du Musée égyptien du Louvre, M. PIERRET, d'avoir libéralement mis à ma disposition tous les textes qui se rapportent au *Livre des Respirations*.

TRADUCTION ET ANALYSE DU TEXTE.

PAGE I.

§ 1. ligne 1. Commencement du *Livre des Respirations* composé par *Isis*
pour son frère *Osiris*,

Pour faire revivre son âme,

2. Pour faire revivre son corps,

Pour rajeunir tous ses membres de nouveau,

Pour qu'il atteigne l'horizon avec son père, le *Soleil*,

3. Pour que son âme s'élève au ciel dans le disque de la *Lune,*

Pour que son corps brille dans les étoiles de *Sahu,*

Au sein de *Nu-t;*

4. Pour que ces choses arrivent également

A l'Osiris, divin père, prophète d'*Amon-Ra*, roi des dieux,

5. Prophète de *Khem-Amon-Ra,* taureau de sa mère, maître de
sa grande demeure,

Osir-aau, justifié,

6. Fils [du prêtre] du même [ordre], *Nes-paut-ta-ti,* justifié.
Cache- [le], cache- [le];

Ne le fais lire à personne.

7. Il profite à la personne qui est dans le *Kher-neter;*

Elle vivra de nouveau, véritablement, des millions de fois.

Ce paragraphe est une espèce de préambule, qui indique, d'une manière précise, le but
du livre et nous apprend qu'il a été composé par *Isis* pour son frère *Osiris* tué par
Set. La récitation des formules sacrées qu'il contient, a effectué la résurrection d'Osiris,
devenu dès lors pour tout Égyptien le type de la renaissance après la mort. Ense-

veli, ainsi que le prescrit le § 14[b], avec le défunt, le livre sera également éfficace pour celui-ci et facilitera sa résurrection comme véritable *Osiris*. C'est à cet effet que le mort s'identifie avec le dieu et qu'il prend le titre *d'Osiris un tel, justifié*.

Suivant notre texte, *Osiris* se joint à son père, *le Soleil*[1]), et descend avec lui aux régions infernales, pour ressusciter sous la forme de la *Lune*[2]), tandis que son corps est placé dans la constellation de *Sahu (Orion)*, qui brille au firmament, personnifié par la déesse *Nu-t*.

Il sera utile de rappeler ici aux personnes étrangères à la mythologie des Égyptiens, que l'idée du renouvellement de l'existence après la mort, est tantôt symbolisée par la course du soleil, tantôt représentée par le mythe osiriaque, qui paraît se rapporter, à son tour, à la génération du Soleil. Aussi l'individualité de *l'Osiris terrestre* se confond-elle constamment avec celle *d'Osiris-Soleil*. A l'exemple du dieu, l'Égyptien mort était censé se joindre au Soleil couchant et descendre avec lui dans l'hémisphère inférieur du ciel qu'il devait parcourir à la suite du Soleil nocturne *(Osiris)*, pour revenir à la lumière du jour avec l'astre levant. C'est de son identification avec le Soleil, qui parcourt pendant la nuit les régions infernales, qu'a été tiré, sans doute, le rôle *d'Osiris* comme juge des enfers[3]).

Le manuscrit No. 3291 fournit, à la ligne 2, pour le groupe [hiéroglyphes], la variante [hiéroglyphes] *rajeunir, rendre l'extrême jeunesse*[4]).

Le *Kher-neter* ou la divine région inférieure, désigne la nécropole ou l'hypogée; mais c'est aussi un des noms du séjour des mânes placé à l'extrême occident.

[hiéroglyphes] signifie *véritablement* d'après M. Brugsch (*Dict.* p. 575) et *dans le vêtement de la vérité*, suivant MM. Devéria et Pierret. Le sens de ce groupe a besoin de nouvelles preuves.

§ 2. ligne 8. Dire:

 Ô Osiris *un tel*[5])! tu es pur;

 10. Ton coeur est pur;

---

1) Voir E. de Rougé, *Etudes sur le Rituel* dans la *Revue Archéologique*, 1860, p. 238.

2) Cf. mon Mémoire, *Lamentations d'Isis, etc.* p. 4.

3) Cf. Pierret, *Dict. d'Archéologie égypt.* p. 395.

4) F. Chabas, *Égyptologie*, 1874, p. 26.

5) J'ai remplacé partout le nom du défunt auquel était destiné le papyrus que je traduis, par les mots *un tel*.

> Ta partie antérieure a été purifiée ;
> Ta partie postérieure a été nettoyée ;
> Ton intérieur (a été rempli) de *bat* et de natrum.

11. Il n'est pas un membre en toi qui soit souillé de péché.
    Osiris *un tel* a été purifié par les lotions
12. Des champs de *Hotep*, au nord des champs de *Sanehemu*.
13. Les déesses *Uat'i* et *Neχeb* t'ont rendu pur,
    A la huitième heure de la nuit,
14. Et à la huitième heure du jour.
    Viens Osiris *un tel* ;
15. Entre dans la salle des deux déesses *Justice* ;
    Tu es purifié de tout péché, de tout crime.
16. Pierre de vérité est ton nom.

Cette section reproduit les colonnes 44, 45 et 46 du chapitre 125 du *Livre des Morts*. Elle se rapporte à l'embaumement du défunt, sans donner cependant sur cette opération d'autres détails que l'énumération des purifications auxquelles on soumettait le corps, et des substances dont on le remplissait pour le préserver de la putréfaction. Selon notre texte, le corps fut nettoyé, et l'intérieur, [hieroglyphs], (littéralement: le *milieu*), fut rempli de natrum et d'une substance aromatique, nommée *bat*, [hieroglyphs]. Ce mode d'embaumement a été déjà constaté par Passalaqua, qui a trouvé que même les momies les plus soignées dans leurs enveloppes et dans leurs ornements, avaient le ventre plein de natrum et de débris odoriférants. La préparation du cadavre se pratiquait dans les *Champs de Hotep* (litt: *champs de repos*); c'était probablement le nom d'une partie du quartier funéraire. Le texte mentionne ici une lotion appelée [hieroglyphs], dont le *Livre des Morts*[1]) fournit la variante [hieroglyphs], en y ajoutant [hieroglyphs], *véritable*. Les groupes [hieroglyphs] et [hieroglyphs] (ligne 10) ont, l'un et l'autre, le sens bien constaté de *laver*, *nettoyer*, *purifier* et s'échangent entre eux sous cette acception. Il me semble pourtant qu'il

---

1) *Todtenbuch,* chap. 125, ligne 44.

y a entre ces deux mots une légère nuance que je n'ai pu définir. Les déesses *Uati* et *Neχeb* étaient censées présider à cette opération. Elles symbolisent ordi-nairement le *Nord* et le *Midi*, mais elles avaient aussi un rôle funéraire très-important qui ressort du *Livre des embaumements*[1]).

Ses souillures effacées, le défunt était introduit dans la grande salle du jugement que notre texte appelle la grande salle des déesses *Ma*. Ces deux déesses, qui représentent la double justice, celle qui punit et celle qui récompense[2]), étaient chargées de compléter la purification du défunt.

§ 3. ligne 16. Ô Osiris *un tel!*

   18. Tu entres au ciel inférieur par une grande purification.
      Les deux déesses *Justice* t'ont rendu pur dans la grande salle.
   19. Une purification a été faite sur toi dans la *Salle de Seb;*
      Tes membres ont été rendus purs dans la *Salle de Shu.*
   20. Tu vois *Ra* à son coucher,
      [En] *Atum*, le soir.
      Amon est auprès de toi,
   21. Pour te donner le souffle;
      Ptah, pour former tes membres.
      Tu entres à l'horizon avec le soleil.
   22. Ton âme est admise sur la barque *Neshem* avec *Osiris;*
      Ton âme est divinisée dans la demeure de *Seb.*
      Tu es justifié à perpétuité et éternellement.

En sortant de la Salle des deux déesses *Justice*, et après avoir été purifié dans la *Salle de Seb (la terre)* et dans *la Salle de Shu (le ciel)*, le défunt entre dans le *Tiau* ou ciel inférieur, où était placé le séjour des morts. Il y voit *Ra* sous la forme *d'Atum*, le soleil nocturne. *Ptah* lui façonne un nouveau corps, auquel *Amon* donne le souffle de la vie. Cette nouvelle enveloppe n'a aucun rapport avec celle que le défunt a quittée. La doctrine de la réunion de l'âme à l'ancien

---

1) Cf. MASPERO, *Mém. sur qq. pap. du Louvre*, p. 82.
2) E. de ROUGÉ, *Notice sommaire des monuments égypt. du Louvre*, p. 100.

corps, que proclame le *Livre des Morts*[1]), paraît donc avoir été profondément modifiée par l'école à laquelle appartient le *Shaï-en-sinsin*.

Le rôle *d'Amon* comme auteur de la seconde vie a été déjà signalé par M. J. de Rougé[2]); celui de *Ptah*[3]) comme créateur est bien connu.

Tandis que le défunt, (c'est-à-dire les mânes), descend sous l'horizon avec le soleil, l'âme se joint à *Osiris* dans la barque solaire appelée *Neshem*[4]), ⲙⲙ. Il est difficile de déterminer le véritable caractère de cette double existence des mânes et de l'âme. Ces deux êtres sont réprésentés comme vivant séparément .et indépendamment l'un de l'autre. On les distingue, en effet, dans les vignettes des manuscrits funéraires, où les mânes sont figurées sous l'image du défunt, tandis que l'âme a la forme habituelle d'un épervier à tête humaine.

Signalons à la ligne 19 du texte hiératique une répétition fautive des groupes

A la ligne 20, j'ai suppléé, avant le mot *Atum*, la particule que le sens paraît exiger. *Atum* est le nom du soleil qui, pendant la nuit, éclaire l'hémisphère inférieur du ciel[5]).

Le sens de *véridique*, *persuasif*, proposé par Th. Devéria pour le groupe [6]) (ligne 22), n'a pas été généralement adopté par les égyptologues. Suivant M. Chabas[7]), ce groupe doit se traduire littéralement par *justus dictus*, et désigne l'individu dont le dire a été reconnu vrai, le défunt innocenté au jugement d'Osiris, celui qui a triomphé de ses ennemis. M. Lepsius a tiré de l'étude de cette expression les mêmes conclusions que le savant égyptologue de Chalon s. Saône[8]).

---

1) *Todtenbuch* chap. 89.

2) *Mélanges d'Archéologie*, 1873, p. 102.

3) Au lieu de *Ptah*, le No. 3291 donne *Thoth*; c'est probablement une inadvertance du scribe.

4) *Neshem* est aussi le nom de la barque qui servait à transporter les momies à Abydos. Cf. J. de Rougé, *Textes géogr.* p. 70, et Wilkinson, *Manners and Customs*, 2ᵈ Series, vol. III pl. 84, 2.

5) Pierret, *Dict. d'Arch. égypt.*, p. 76.

6) *Mélanges d'Archéologie*, p. 10.

7) *Égyptologie*, 1874, p. 81.

8) Voir *Zeitschrift*, 1875, p. 149.

PAGE II.

§ 4. ligne 1. [Ô] Osiris *un tel!*

　　　　2. Ton individualité est permanente;

　　　　Ton corps est durable;

　　　　Ta momie germe;

　　　　3. Tu n'es repoussé [ni] du ciel, [ni] de la terre;

　　　　Ta face est illuminée auprès du Soleil;

　　　　Ton âme vit auprès d'*Amon*;

　　　　4. Ton corps est rajeuni auprès d'*Osiris*.

　　　　Tu respires toujours et éternellement.

Le groupe [hiéroglyphes] manque au commencement de ce paragraphe.

J'ai rendu par *individualité* l'expression [hiéroglyphes] (ligne 2), ce sens ayant été bien démontré par M. LEPSIUS [1].

La germination du corps momifié, exprimée par le verbe [hiéroglyphes], est symbolisée par un tableau représentant la momie d'Osiris sur laquelle poussent des plantes, [hiéroglyphes]. Cette curieuse vignette a été publiée par M. PAUL PIERRET dans son Mémoire intitulé »*Le dogme de la résurrection.*« Le passage suivant du *Livre des Morts* peut être considéré comme la légende de cette vignette: [hiéroglyphes] [hiéroglyphes], *il fait pousser des plantes sur son cadavre* [2]. Cette singulière idée rappelle la doctrine que pose SAINT PAUL [3]: que le corps qui ressuscitera n'est pas le corps abandonné à la putréfaction, mais un nouveau corps spirituel qui se développera du germe de l'ancien cadavre.

A la ligne 3, la transcription de M. BRUGSCH donne [hiéroglyphes], à la place de [hiéroglyphes] de notre texte.

---

1) *Aelteste Texte* p. 38.
2) *Todtenbuch* chap. 101, col. 7.
3) *1. Corinth.* XV, 35 *et suiv.*

§ 5. —   Ton âme te fait chaque jour des offrandes

ligne 5. De pains, de boissons, de boeufs, d'oies, d'eau fraiche et de condiments.

[Tu viens pour la justifier].

Tes chairs [sont] sur tes os

6. Selon ta forme sur la terre;
Tu absorbes par ton corps,
Tu manges avec ta bouche,

7. Tu reçois, ainsi que les âmes des dieux, des pains.
Anubis te protège;
Il fait ta sauvegarde.

8. Tu n'es pas repoussé aux portes du ciel inférieur.
Il vient à toi, *Thoth*, le deux fois grand,
Le Seigneur de *Sesennu*[1]).
Il écrit pour toi le *Livre des Respirations* avec ses propres doigts.

9. Ton âme respire à perpétuité;
Tu renouvelles ta forme sur la terre parmi les vivants;

10. Tu es divinisé avec les âmes des dieux.
Ton cœur est le cœur de *Ra*,

11. Tes membres sont les membres du grand dieu.
[Tu vivras à perpétuité et éternellement].

Les différentes phases de la résurrection et de la vie future qui dominent tout le Livre, sont particulièrement développées dans ce paragraphe et dans le suivant.

C'est au dieu Thoth lui-même, qui aurait écrit le livre sacré de ses propres mains, qu'est rapportée la première rédaction du *Shaï-en-sinsin*. On sait que les prêtres égyptiens se plaisaient à attribuer une origine divine à certaines de leurs compositions pour leur prêter plus d'autorité.

---

1) *Hermopolis*.

L'assurance que le défunt renouvellera sa forme sur la terre parmi les vivants, prouve que les anciens Égyptiens croyaient en un retour à la vie corporelle. C'est la doctrine de la réincarnation, qui consiste à admettre pour l'homme plusieurs existences successives sur la terre.

J'ai rendu (ligne 5) le groupe ⸗ par *condiments*. Cette traduction est conjecturale.

A la même ligne, la transcription de M. BRUGSCH ajoute: ⸗, *tu viens pour la justifier*.

Quant au groupe ⸗, le sens *corps* est incontestable, mais cette acception parait étrange dans la phrase: *tu bois* ou *absorbes par ton corps*.

Le mot ⸗, ligne 9, signifie *forme*, *ressemblance*, *portrait* [1]). Les variantes signalées au bas de la planche II ont la même acception.

A la fin du paragraphe, le manuscrit Denon ajoute: ⸗, *tu vis à perpétuité et éternellement*.

§ 6. ligne 12. Ô Osiris *un tel!*

    13. *Amon* est avec toi,

    14. Pour te rendre la vie.

    Ap-heru t'ouvre la bonne route.

    Tu vois par tes yeux;

    Tu entends par tes oreilles;

    Tu parles par ta bouche;

    15. Tu marches avec tes jambes;

    Ton âme est divinisée dans le ciel inférieur,

    Pour accomplir toutes les transformations à son gré.

    16. Tu accomplis les réjouissances de la *perséa* sacrée dans *An*;

    Tu te réveilles chaque jour;

    17. Tu vois les rayons du soleil.

---

1) CHABAS, *Voyage*, etc. No. 150 et 374 du Glossaire.

Amon vient vers toi avec les souffles de la vie;

Il te fait respirer dans ton cercueil.

18. Tu montes sur la terre chaque jour,

Le *Livre des Respirations* de *Thoth* étant ta sauvegarde;

19. Tu respires par lui tous les jours.

Tes yeux contemplent les rayons du disque.

La vérité te sera annoncée par *Osiris.*

Les formules de justification sont [écrites] sur ton corps.

20. *Horus*, le défenseur de son père, protège ton corps;

Il divinise ton âme, ainsi que [celles] de tous les dieux.

L'âme de *Ra* fait vivre ton âme;

21. L'âme de *Shu* remplit tes organes respiratoires [de doux souffles].

Ce paragraphe est le complément du précédent. Promesse y est faite au défunt qu'il rentrera en possession de toutes les fonctions de la vie terrestre, qu'il aura la faculté de prendre à son gré toutes les formes, de se transporter instantanément d'un lieu dans un autre et de visiter la terre chaque jour en se mêlant aux vivants. On voit que la croyance dans les esprits revenus de l'autre monde date de la plus haute antiquité. Un texte très-curieux[1]), signalé par M. CHABAS[2]), fait mention de la manifestation d'un revenant. C'est un homme veuf qui se plaint d'être tourmenté par l'esprit de son épouse défunte. Ce texte n'a pas encore été traduit; on y trouvera peut-être de quelle manière le revenant a donné des marques de sa présence et de sa mauvaise humeur.

Ap-heru est une forme *d'Anubis;* il ouvre au défunt les portes de l'horizon.

Des observations intéressantes ont été publiées par M. LEPAGE-RENOUF au sujet de la préposition ⸢⸣, *avec* (lig. 13)[3]). Je ne connais aucun autre

---

1) C. LEEMANS, *Pap. égypt. hiér. du Musée de Leide,* I, 371 pl. 183. 184.

2) *Notices sommaires des papyrus hiérat. de Leide,* p. 19.

3) *Transactions of the Society of Bibl. Arch.,* vol. II part. 2. p. 319.

exemple du groupe ⸻ que je traduis *réjouissances*, par conjecture. C'est bien à *An* (Héliopolis) que le défunt se réjouissait [1]).

Le groupe que je traduis (ligne 18) par *tu montes sur la terre*, est ⸻ ; littéralement: tu sors vers la terre.

A la ligne 19, la préposition ⸻ est employée au sens instrumental [2]).

On lit à la ligne 19: *les formules de justification sont écrites sur ton corps.* Des formules, des figures de divinités, etc., ont été, en effet, trouvées sur des bandelettes de momies et sur des morceaux de linceuls.

Au lieu de ⸻, *chaque jour* (ligne 19), le manuscrit Denon et le No. 3291 portent ⸻, *comme Ra.*

Aux Basses-Époques *Shu* était le dieu de l'air [3]). Sur le Sarcophage No. 11 du Musée du Louvre, il porte une voile enflée, symbole des souffles de la vie. Dans un papyrus du même Musée on lit: *Shu dit: Moi, je donne les souffles au gosier aride, et la vie est en lui* [4]). A la fin de la phrase *l'âme de Shu remplit tes organes respiratoires*, le papyrus Denon ajoute ⸻ *de doux souffles*, mais il faut remarquer que ces mots devraient être reliés à la phrase qui précède par la préposition ⸻, qui manque.

PAGE III.

§ 7. ligne 1. Ô Osiris *un tel!*

2. Ton âme respire dans le lieu que tu aimes.

3. Tu es dans la demeure d'*Osiris ;*

Khent-Ament est ton nom.

Hapi, l'aîné [des dieux], vient à toi d'Éléphantine ;

4. Il remplit ta table d'offrandes de provisions de bouche.

---

1) Cf. SHARPE, *Egypt. inscript.* 2^d. *Series* pl. 66 ligne 3.
2) Voir E. DE ROUGÉ, *Chrestom.* § 363 & 368.
3) Cf. *Zeitschrift*, 1871, p. 93.
4) Cf. PIERRET, *Études égypt.*, I, p. 32.

14

Khent-Ament, [hieroglyphs], litt. *celui qui réside dans l'occident*, est un des titres d'Osiris infernal.

Le dieu *Hapi*, c'est-à-dire le Nil, dont la source était placée entre deux abîmes ou rochers près de l'île d'Éléphantine, apportait au défunt des provisions de bouche et de l'eau. La même idée est exprimée comme suit dans le papyrus de Boulaq No. 3. (page VII lig. 19):

[hieroglyphs] *il vient à toi, Hapi, l'aîné des dieux, pour remplir ta table d'offrandes de libations; il te donne l'eau sortie d'Éléphantine*[1]).

§ 8. — Ô Osiris *un tel!*

> ligne 5. Les dieux de la Haute et de la Basse-Égypte viennent à toi.
> Tu es guidé vers le tombeau.
> 6. Ton âme est vivante.
> Tu sers *Osiris*.
> Tu respires dans *Ru-sta*.
> 7. Soins cachés te sont prodigués par le Seigneur de *Sati* et par le dieu grand.
> Ton corps vit dans *Tattu* [et dans] *Nif-ur*.
> 8. Ton âme vit dans le ciel chaque jour.

Le lieu nommé [hieroglyphs] désigne le tombeau, et par excellence le tombeau d'Osiris[2]).

A la ligne 6, le texte porte [hieroglyphs]; c'est une erreur du copiste; tous les autres manuscrits du Louvre ont [hieroglyphs], qui doit être la véritable leçon.

Le *Ru-sta*, [hieroglyphs], est le passage qui donne accès à la région infernale, mais c'est aussi l'entrée de la tombe[3]).

---

1) Cf. MASPERO, *Mém. sur qq. pap.*, p. 27 et 86.
2) Voir MASPERO, *Mém. sur qq. pap.*, pag., 34 & 99.
3) Voir CHABAS, *Mélanges*, III, p. 192 & 202.

Sati, � hieroglyphs⌉, désigne la région inférieure, dont le seigneur est le soleil nocturne. Une variante donne ⌈hieroglyph⌉, au lieu de ⌈hieroglyph⌉. Le dieu grand est *Osiris*.

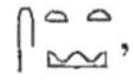

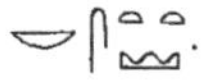

La ville de *Tattu*, ⌈hieroglyph⌉, a été identifiée par M. Brugsch avec *Mendes*[1]), résidence supposée d'Osiris, tandis que *Nif-ur*, ⌈hieroglyph⌉, paraît désigner ici la nécropole. C'est aussi le nom d'une ville du nome thinite[2]).

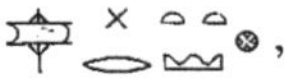

§ 9. —   Ô Osiris *un tel!*

ligne 9. *Sexet* prévaut contre ce qu'il y a de mauvais en toi;

10. *Hor-aa-hetu* a soin de toi;

Hor-shet forme ton cœur;

Hor-mer garde ton corps.

11. Tu dures, en vie, santé, force.

Tu es établi en ta demeure dans *Ta-ser*.

Viens Osiris *un tel!*

12. Tu apparaîs dans ta forme.

13. Affermi par tes ornements,

Tu es préparé pour la vie;

Tu demeures en santé,

Tu marches, tu respires partout.

14. Le soleil se lève sur ta demeure.

[Semblable] à *Osiris*,

Tu respires, tu vis par ses rayons.

15. *Amon-Ra* te fait vivre.

Tu es éclairé par le *Livre des Respirations*.

16. Tu sers *Osiris* et *Horus*, seigneur des adorations.

Tu es comme le plus grand parmi les dieux.

Ton beau visage vit [dans] tes enfants.

---

1) Voir *Zeitschrift*, 1871, p. 81.
2) Cf. Brugsch, *Geogr.*, I, p. 210.

17. Ton nom prospère chaque jour.

Viens au grand temple, viens au grand temple de *Tattu*.

Tu verras *Khent-Ament* dans la fête d'*Uka*.

18. Ton odeur est agréable comme [celle] des hommes pieux;

Ton nom est grand parmi les élus.

Seχet était une déesse solaire. Elle avait aussi un rôle funéraire, qui était de soigner l'embaumement, de défendre le mort contre ses ennemis et de protéger l'âme contre toute attaque[1].

Hor-aa-hetu, *Hor-shet* et *Hor-mer* sont des formes *d'Horus*. *Hor-shet* se trouve mentionné au Papyrus Magique Harris[2] (pl. 8, lignes 1 & 7). *Hor-mer* renversait les adversaires du défunt[3].

A la ligne 10, la transcription de M. Brugsch donne ⸱⸱⸱, au lieu de ⸱⸱⸱ des manuscrits du Louvre.

La région appelée ⸱⸱⸱ est la nécropole d'Abydos. Un scribe exprime l'espérance qu'il sera enterré à Abydos, *dans la montagne de Ta-ser*, ⸱⸱⸱ ⸱⸱⸱ [4]. La topographie céleste possédait aussi son *Ta-ser*.

Les ornements dont il est question, à la ligne 13, sont ceux de la momie. C'est la constatation de la résurrection due aux nombreuses amulettes déposées avec le mort. M. Pierret a donné une liste complète de ces talismans[5].

Après le groupe ⸱⸱⸱ (ligne 14) le No. 3291 ajoute ⸱⸱⸱.

La particule ⸱⸱⸱ qu'il faut suppléer après le mot *demeure* (ligne 14), manque dans tous les manuscrits du Louvre; mais elle se trouve exprimée dans la transcription de M. Brugsch.

A la ligne 15 on rencontre le groupe ⸱⸱⸱, littéralement *ta personne*, que la transcription de M. Brugsch remplace par ⸱⸱⸱.

---

1) Cf. Maspero, *Mém. sur qq. pap.*, etc., p. 29 et 96.
2) Chabas, *Le pap. Mag. Harris*, p. 106.
3) Maspero, *Mém. sur qq. pap.*, p. 102.
4) Voir *Zeitschrift*, 1868, p. 2.
5) *Dict. d'Archéologie égypt.*, p. 137.

Le titre (ligne 16), que j'ai traduit par *Seigneur des adorations*, n'est pas habituel à *Horus*. Au lieu de [hiéroglyphes], les manuscrits No. 3121 et 3291 donnent [hiéroglyphes]. Mais *Horus* ne prend jamais le titre de *Seigneur de la barque Hen-nu*, cette barque étant spécialement employée pour les promenades de l'image de *Sokar*[1]. Ma traduction est basée sur la variante [hiéroglyphes] pour [hiéroglyphes], signalée par M. ED. NAVILLE[2].

Dans la phrase: *ton beau visage vit [dans] tes enfants* (ligne 16), j'ai suppléé la préposition [hiéroglyphe], qui manque cependant dans tous les manuscrits. Notons aussi qu'au lieu du pronom de la 2ᵉ personne, [hiéroglyphe], qui est la véritable leçon, notre papyrus porte celui de la 1ʳᵉ personne, [hiéroglyphe].

La fête *Uka* (ligne 18), est mentionnée très-souvent dans les textes funéraires. C'était la fête des ancêtres, la fête de *Ptah-Sokari*[3].

§ 10. ligne 19. Ô Osiris *un tel!*

    20. Ton âme vit par le *Livre des Respirations*;

    Tu te joins à lui.

    Tu entres dans le ciel inférieur;

    21. Tes ennemis n'y sont pas.

    Tu es comme une âme divine dans *Tattu*.

    Ton cœur est à toi;

    Il ne sera plus séparé de toi.

    22. Tes yeux sont à toi;

    Ils s'ouvrent chaque jour.

A la ligne 20, le groupe [hiéroglyphes], *au même*, remplace les mots: *au Livre des Respirations*, d'après la variante du No. 3291 et des autres manuscrits.

Les Égyptiens considéraient le cœur comme la source de la vie terrestre, indispensable à la reconstitution matérielle du corps. M. PIERRET a constaté que

---

1) P. PIERRET, *Dict. d'Archéol. égypt.*, p. 518.
2) *Litanie du Soleil*, p. 98, note 5.
3) P. PIERRET, *Dict. d'Arch. égypt.*, p. 224.

cet organe était embaumé, séparément, dans un des vases funéraires appelés *canopes*, et mis sous la garde du génie *Tuamutef*. On les séparait ainsi parce que le cœur ne pouvait être replacé dans le corps qu'après avoir figuré dans le plateau de la balance du jugement osirien [1]).

PAGE IV.

§ 11ª. ligne 1. Les dieux qui accompagnent *Osiris*, disent à *Osiris un tel:*
        2. Tu sers *Ra;*
        4. Tu sers *Osiris;*
        Ton âme vit toujours et éternellement.

§ 11ᵇ.   Les dieux qui habitent le ciel inférieur d'*Osiris-Khent-Ament* disent à Osiris *un tel:*
   ligne 6. Qu'on lui ouvre les portes du ciel inférieur!
        Qu'il soit reçu dans le *Kher-neter;*
        7. Que son âme vive à jamais.
        Il s'est construit une demeure dans le *Kher-neter.*
        8. Son dieu l'a récompensé;
        Il a reçu le *Livre des Respirations,*
        Pour qu'il respire.

La seconde division de ce paragraphe mentionne l'admission définitive du défunt dans la région infernale.

Au lieu de [hiéroglyphes] (ligne 4), la transcription de M. Brugsch donne [hiéroglyphes].
Dans la phrase [hiéroglyphes], le sens sub-

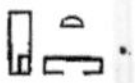

---

1) *Dict. d'Archéol. égypt.*, p. 135.

19

jonctif est indiqué par la variante suivante que fournit le manuscrit No 3166 : [hieroglyphs] etc.; littéralement: *qu'il lui soit ouvert aux portes du Tuau.*

On lit ensuite: *que tu sois reçu dans le Kher-neter.* Il est à noter ici que dans notre manuscrit, le scribe a biffé l'affixe [hieroglyph] (qui se trouve cependant dans le No 3291), et a écrit en dessous l'affixe de la 2ᵉ personne, [hieroglyph]. J'ai traduit le passage dans la 3ᵉ personne que l'ordre du discours paraît exiger ici.

A la ligne 8, il faudrait peut-être traduire le groupe [hieroglyphs], *loué*, au lieu de *récompensé*.

On trouve ensuite la phrase [hieroglyphs]. Le nom de l'âme étant masculin en égyptien, le pronom [hieroglyph] peut se rapporter soit à l'âme, soit au défunt. Le papyrus No 3121, consacré à une assistante d'*Amon-Ra*, paraît lever toute incertitude à cet égard. On y trouve à l'endroit correspondant et dans la suite du même passage, le pronom feminin [hieroglyph], ce qui prouverait que c'est la défunte qui s'est construit une demeure, que c'est elle qui a été récompensée, et que c'est encore elle qui a reçu le *Livre des Respirations.*

§ 12. ligne 9. Que *Osiris-Khent-Ament*,

Dieu grand, Seigneur d'*Abydos*,

10. Royalement, fasse don de pains, de bierre, de bœufs, d'oies, de vin, de liqueur *aket*, de pains *hotep*, de bonnes provisions de bouche de toute espèce,

11. A Osiris *un tel.*

12. Ton âme et vivante;

Ton corps germe

Par ordre de *Ra* lui-même,

Sans dommage, ni douleur,

13. Pareil à *Ra*, toujours et éternellement.

Au commencement du paragraphe, on trouve le groupe [hieroglyphs], pour lequel j'ai adopté la traduction nouvelle proposée par M. Goodwin [1]).

---

1) Voir *Zeitschrift*, 1876, p. 101.

Le mot ⸢𓂝𓅬𓅬⸣ (ligne 13), dont le No 3291 fournit la variante ⸢𓂝𓅬𓅬⸣,
est mis ici en parallélisme avec le terme ⸢𓊪𓏏𓂧⸣, *destruction*, *dommage*, et doit
avoir le sens de *douleur* [1]).

§ 13. ligne 14. Ô marcheur, sorti de *An*,
      15.   Osiris *un tel* n'a pas commis de péché.
      16. Ô puissant du moment, sorti de *Kerau*,
      17.   Osiris *un tel* n'a pas fait de mal.
      18. Ô narines, sorties de *Sesunnu*,
      19.   Osiris *un tel* n'a pas été exigeant.
      20. Ô mangeur de l'œil, sorti de *Kerti*,
      21.   Osiris *un tel* n'a rien acquis par le vol.

PAGE V.

ligne 1. Ô impureté de la face, sortie de *Ru-sta*,
      Osiris *un tel* ne s'est pas mis en colère.
    2. Ô deux lions, sortis du ciel,
      Osiris *un tel* n'a pas commis d'iniquité par suite de
      dureté de cœur.
    3. Ô œil de flamme, sorti de *Seχem*,
      Osiris *un tel* n'a pas pratiqué la corruption.

Pour obtenir son admission définitive au *Tuau*, le défunt devait déclarer
ne s'être pas rendu coupable des sept péchés mentionnés dans ce paragraphe.
L'énumération de ces péchés est tirée de la confession négative du chapitre 125

---

1) Cf. Naville, *Le Mythe d'Horus*, pl. III, titre horiz., et Pierret, *Vocabulaire hiérogl.*, p. 221.

du *Livre des Morts*. Mais il fallait surtout que le défunt fût justifié par ses bonnes œuvres dont le paragraphe 14ᵃ donne le tableau.

Les deux *Ker* ⸺, sont les deux abîmes près d'Éléphantine d'où le Nil était censé sortir¹).

Le groupe ⸺, (à la ligne 19), ne se rencontre pas ailleurs. M. CHABAS pense que le sens le plus satisfaisant serait: *je n'ai pas été un producteur de réclamations, d'appels; je n'ai pas été exigeant.*

Le nom du génie mentionné à la ligne 20, est tantôt *mangeur de l'ombre,* ⸺, tantot *mangeur de l'œil,* ⸺, ou *de son œil,* ⸺ .

Page V, ligne 1, le verbe ⸺ paraît signifier *se mettre en colère*²); mais ce sens n'est pas prouvé.

Je ne connais pas d'autre exemple du groupe ⸺ (page V, ligne 2). M. CHABAS a bien voulu me signaler le terme ⸺, qu'on peut comparer au copte ⲙⲉⲧⲛⲁϣⲧϩⲏⲧ, *dureté de cœur.*

J'ai traduit le mot ⸺ (page V, ligne 3), par *corrompre, pratiquer la corruption*, en adoptant l'interprétation proposée par M. BRUGSCH³).

La ville nommée *Seχem* (ligne 3), a été identifiée par M. J. DE ROUGÉ avec *Letopolis*⁴).

§ 14ᵃ. ligne 4. Ô dieux qui habitez le ciel inférieur;

    Écoutez la voix de l'Osiris *un tel.*

    Il est venu auprès de vous;

    5. Il n'a conservé aucune souillure de péché;

    Il n'y a plus aucun mal en lui;

    Aucun délateur ne s'est élevé contre lui;

    Il vit dans la vérité;

---

1) CHABAS, *Inscript. des Mines d'or*, p. 7.
2) BRUGSCH, *Dict.*, p. 1287.
3) BRUGSCH, *Dict.*, p. 1160.
4) *Monnaies des Nomes*, p. 66.

Il se nourrit de vérité.

Les dieux sont satisfaits de tout ce qu'il a fait;

6. Il a donné des pains a celui qui avait faim,

De l'eau à celui qui avait soif,

Des vêtements à celui qui était nu.

Il a présenté des offrandes aux dieux,

Des oblations funéraires aux mânes.

Il n'a pas été fait de rapport contre lui devant aucun dieu.

7. Qu'il entre [donc] dans le ciel inférieur,

Sans être repoussé;

Qu'il serve Osiris et les dieux de *Kerti;*

8. [Car] il est favorisé parmi les fidèles

Et divinisé parmi les parfaits.

Qu'il vive!

Que son âme vive!

Que son âme soit admise en tout lieu qu'elle aime.

9. Il a reçu son *Livre des Respirations,*

Pour qu'il respire avec son âme, [avec] celle du ciel inférieur,

10. Et pour qu'il accomplisse toutes les transformations, à son gré,

Avec les habitants de l'*Amenti.*

Que son âme aille en tout lieu qu'elle aime,

11. Et qu'elle vive sur la terre à tout jamais, éternellement et

à perpétuité.

C'est fini.

Cette remarquable prière, qui s'adresse aux divinités de la région infernale, était récitée par le prêtre officiant, et avait pour but de rendre le défunt agréable aux dieux. Elle est empreinte d'un sentiment essentiellement religieux, et contient des maximes morales, dont la concordance frappante avec les préceptes du législateur juif, et avec ceux du Christ a été déja signalée par les égyptologues, et plus particulièrement par M. Chabas dans son Mémoire intitulé *Hebraeo-Aegyptiaca.*

Il est facile de reconnaître dans cette composition la source d'où Diodore a tiré le recit suivant:

»La barque étant arrivée sur le lac, avant d'y placer la caisse qui contient »le mort, chacun a le droit de porter contre lui des accusations . . . . . ; si aucun »accusateur ne se présente ou que l'accusation paraisse calomnieuse, les parents »quittent le deuil, font l'éloge du mort et ne parlent pas de sa naissance, comme »le font les Grecs, car les Égyptiens se croient tous également nobles; mais ils »célèbrent son éducation et ses connaissances, sa piété et sa justice, sa continence »et ses autres vertus, depuis sa jeunesse jusqu'à l'âge viril; enfin ils invoquent »les dieux infernaux et les supplient de l'admettre dans la demeure réservée aux »hommes pieux. La foule y joint ses acclamations accompagnées de vœux pour que »le défunt jouisse aux enfers de la vie éternelle, dans la société des bons«[1]).

La première moitié de ce paragraphe de notre texte reproduit les lignes 37 et 38 du *Livre des Morts*.

J'ai rendu par *témoin à charge, accusateur, délateur*, le groupe 〔hiéroglyphes〕.(ligne 5), qui est déterminé dans la plupart des manuscrits par le signe de l'homme.

A la ligne 10, j'ai traduit par *habitants de l'Amenti*, le groupe 〔hiéroglyphes〕, litt. *les occidentaux*.

PAGE VI.

§ 14[b]. ligne 1. On remorque l'Osiris dans le grand bassin de *Khons*.

2. Après qu'il a repris son cœur,

3. On ensevelit [dans le coffre] le *Livre des Respirations*,

4. Qui est écrit des deux côtés sur toile de *suten*.

6. Placé [sous] son bras gauche,

7. Près de son cœur,

---

1) *Livre* I, chapitre 92.

8. . . . .
9. Si ce livre est fait pour lui,
10. Il respirera avec les âmes des dieux,
11. Toujours et éternellement.

Il doit être question ici du défunt qui passe comme Osiris dans le grand bassin de *Khons*. Cette prescription, relative au transport de la momie à travers un des lacs sacrés, est aussi mentionnée dans les papyrus *Rhind* [1]). Elle rappelle le passage suivant de Diodore:

»Lorsque le corps est prêt à être enseveli, les parents en préviennent les »juges, les proches et les amis du défunt; ils leur indiquent le jour des funérailles »par cette formule: »Un tel doit passer le lac de la province où il est mort«. »Aussitôt les juges, au nombre de plus de quarante, arrivent et s'asseyent dans un »hémicycle placé au-delà du lac. Une barque, appelée *Baris*, est alors amenée par »ceux qui sont chargés de les construire; elle est montée par un pilote que les Égyptiens »appellent dans leur langue *Charon*« [2]). (Ce dernier nom est le ⟦hiéroglyphes⟧, *conducteur*, des hiéroglyphes).

Malgré la briéveté du texte égyptien, on voit que l'historien grec a mêlé ensemble une cérémonie funéraire et la scène du jugement de l'âme, décrit au chapitre 125 du *Livre des Morts*.

A la ligne 2, le texte dit que le défunt a repris son cœur. On sait que le cœur était embaumé, séparément, dans un des quatre canopes qu'on déposait dans le tombeau auprès de la momie [3]).

Ma traduction des groupes ⟦hiéroglyphes⟧, *en dedans et en dehors de lui*, c'est-à-dire, *des deux côtés, au recto et au verso*, est purement conjecturale [4]).

A la ligne 6, le copiste a omis la préposition ⟦hiéroglyphe⟧, que donnent les autres manuscrits.

---

1) Facsimiles of two papyri, pl. II, ligne 3, et pl. VII, ligne 6.
2) *Livre* I, *chapitre* 92.
3) Cf. PIERRET, *Dict. d'Arch. égypt.*, p. 115.
4) Cf. aussi MASPERO, *Mém. s. qq. pap.*, p. 25.

Je n'ai pu déchiffrer la ligne 8 du texte hiératique. La prescription finale ne se trouve que dans trois manuscrits du Louvre où elle est plus ou moins mutilée ou effacée et altérée.

La théorie de la destinée des élus, telle que l'émet le *Shaï-en-sinsin*, peut se résumer en peu de mots.

Purifié au physique et au moral, et justifié devant Osiris, grâce à ses vertus et à ses bonnes œuvres, le défunt se réunit au Soleil et descend avec lui, par les portes de l'horizon oriental, dans le ciel inférieur, le Hadès égyptien. Ptah lui forme une nouvelle enveloppe en os et en chair, semblable à celle qu'il avait sur la terre; Amon l'anime du souffle vital; son cœur, principe de sa vie matérielle, lui est rendu. Ainsi reconstitué, le défunt reprend toutes les fonctions de ses organes corporels: il voit, il entend, il parle, il marche, il boit, il dort et s'éveille chaque jour; il jouit d'une santé perpétuelle; il n'a plus rien à craindre de ses ennemis. Il conserve son individualité, il acquiert le privilège de prendre toutes les apparences à son gré, de se transporter instantanément d'un lieu dans un autre, de visiter la terre chaque jour, et même d'y accomplir une nouvelle existence corporelle.

L'âme vit éternellement, mais séparée des mânes [1]).

Ces renseignements sur la seconde vie sont complétés par d'autres textes. Le monde à venir y est représenté à l'image de celui d'ici-bas; la vie spirituelle est pour ainsi dire un calque de la vie humaine, les occupations des élus étant analogues à celles de l'homme sur la terre. Ce n'est pas une existence contemplative pendant l'éternité, une félicité passive, mais une vie active et laborieuse, et, pour me servir de l'expression de M. CHABAS, douée d'un essor infiniment plus vaste.

Telle est la conception égyptienne de la vie divine des justes, dont je me suis borné à exposer la théorie sans chercher à l'expliquer.

---

1) Cependant au moyen du chapitre 100 *du Livre des Morts*, le défunt pouvait rentrer en possession de son âme.

IMPRIMERIE DE BREITKOPF & HÆRTEL À LEIPZIG.

Pap. du Louvre N° 3284.
(page 1.)

§ 1.

§ 2.

§ 3.

(4.) N° 3291   (3.) N° 3291   (2.) b. Denon   (1.) N° 3291

1. §4.
2
3
4. §5.
5
6
7
8
9
10
11
12. §6.
13
14
15
16
17
18 –
19
20
21

p. Denon [hieratic] (4)   N° 3291. [hieratic] (3)   N° 3291 [hieratic] (2)   N° 3291 [hieratic]
p. Denon [hieratic] } (1)

b. Denon [hieratic] (7)   N° 3291 [hieratic] (6)   Ye mai [hieratic] (5)

1 §7.
2
3
4 §8.
5
6
7
8 §9.
9
10
11
12
13
14
15
16
17
18
19 §10.
20
21
22

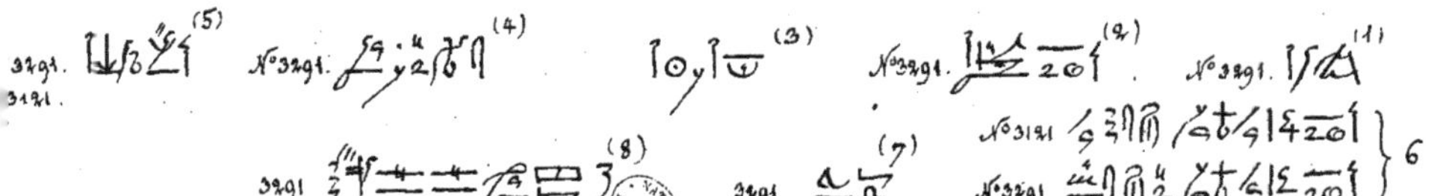

3291. ... (5)

N° 3291. ... (4)

... (3)

N° 3291. ... (2)

N° 3291. ... (1)

3291. ... (8)

3291. ... (7)

N° 3291. ...
N° 3291. ... } 6

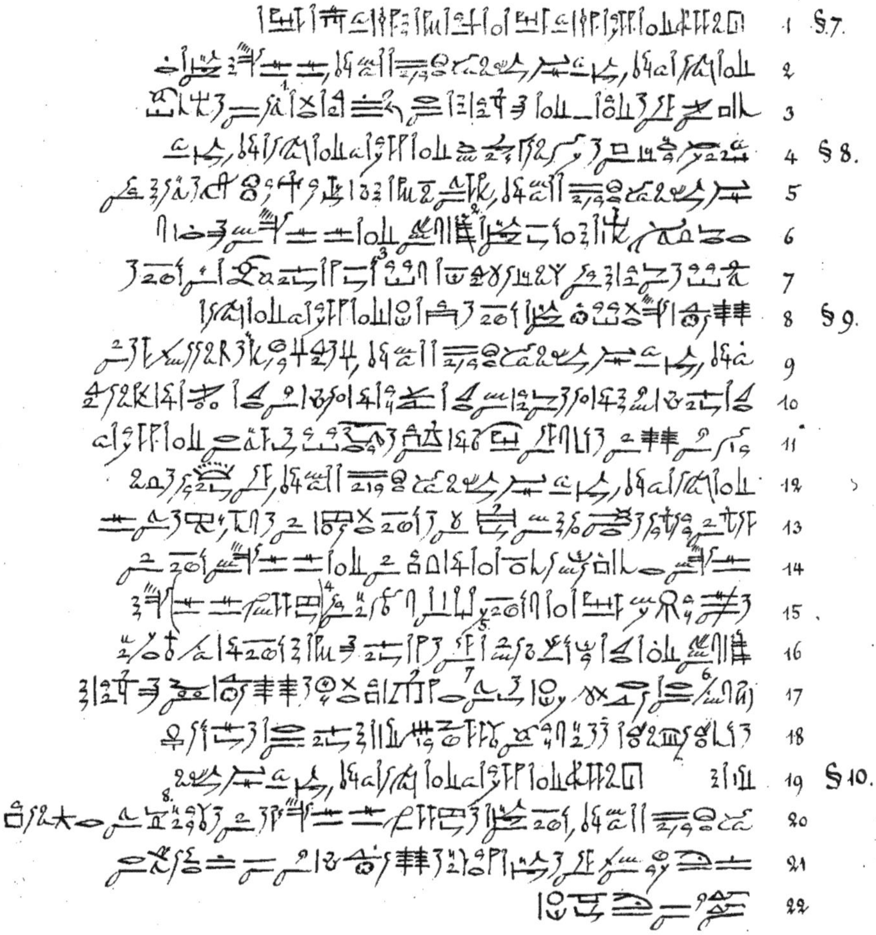

1 §11.
2
3
4 §11b
5
6
7
8
9 §12
10
11
12
13
14 §12
15
16
17
18
19
20
21

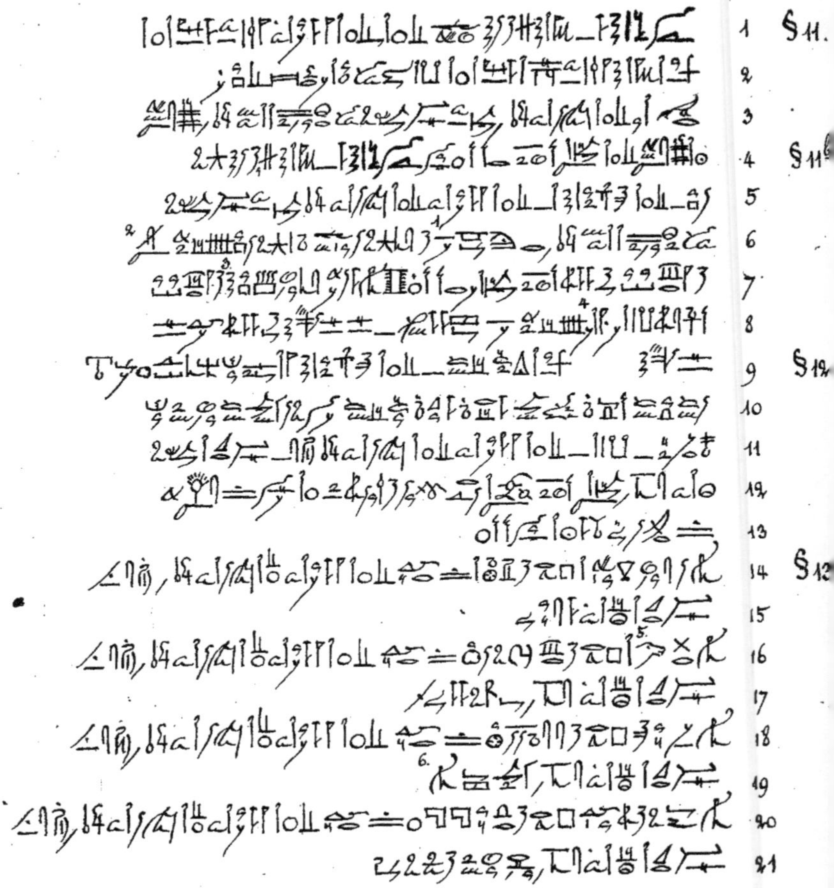

N° 3166 [hieratic] (4)

3291. [hieratic] (3)

N° 3291 [hieratic] (2)

N° 3166 [hieratic] (1)

3291. [hieratic] (6)

3291 [hieratic] (5)

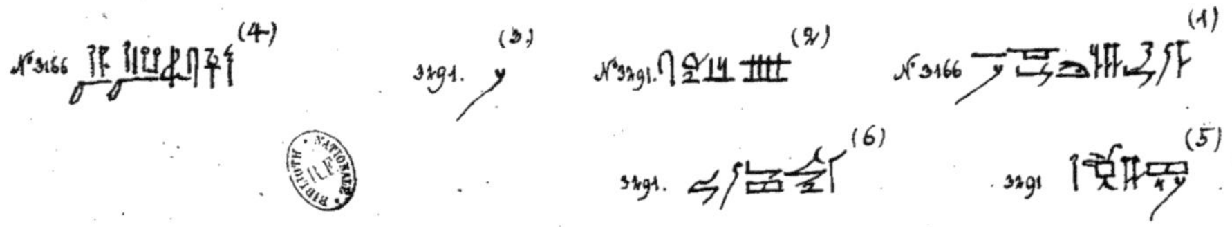

Pap. du Louvre N° 3284.

(page 5)

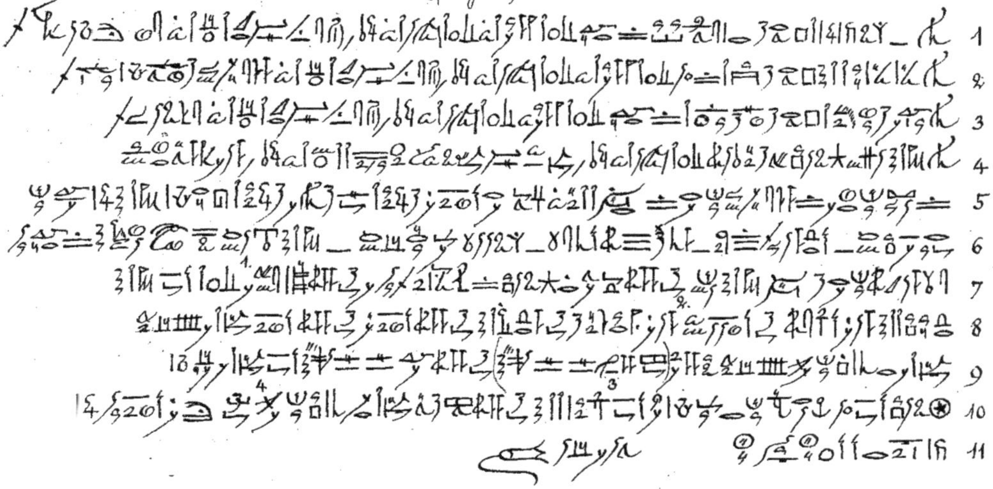

1
2
3
4   § 14ᵃ
5
6
7
8
9
10
11

(page 6)

1   § 14ᵇ
2
3
4
5
6
7
8
9
10
11.

3158   (4)   (3)   Denon § 32 gl.   (2)   N° 3291   (1)

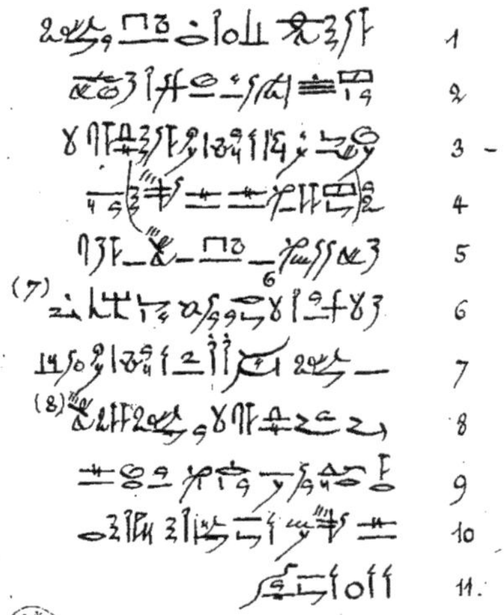

(7)   3191   (6)   3191   (5)   Denon § 3291.

(8)

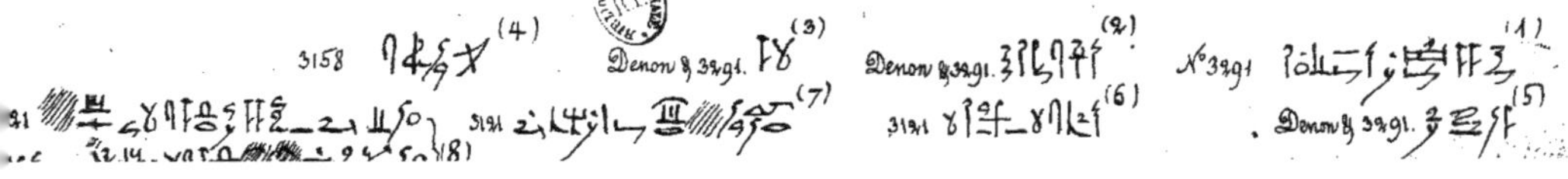

(suite)

30
31
32
33
34
35
36
37
38
39
40
41
42
43
44
45
46
47

48

au verso.

www.ingramcontent.com/pod-product-compliance
Ingram Content Group UK Ltd.
Pitfield, Milton Keynes, MK11 3LW, UK
UKHW021213230726
13926UKWH00001B/497